Für Merry, Mabel und Joe
In Liebe L.H.

5 4 3 2 1
ISBN 3-8157-2081-8
© 2001 der deutschsprachigen Ausgabe: Coppenrath Verlag, Münster
Deutscher Text von Anne Braun
Alle Rechte vorbehalten.
Illustrations copyright © Lesley Harker
The author and illustrator have asserted their moral rights.
All rights reserved.

Die englische Originalausgabe erschien 2000 unter dem Titel
„Twinkle, Twinkle Little Star"
bei The Chicken House Ltd, Palmer St,
Frome, Somerset, BA11 1DS, England

Printed in Singapore

Der hellste Stern

Eine Geschichte von Anne Braun
Mit Bildern von Lesley Harker

COPPENRATH VERLAG

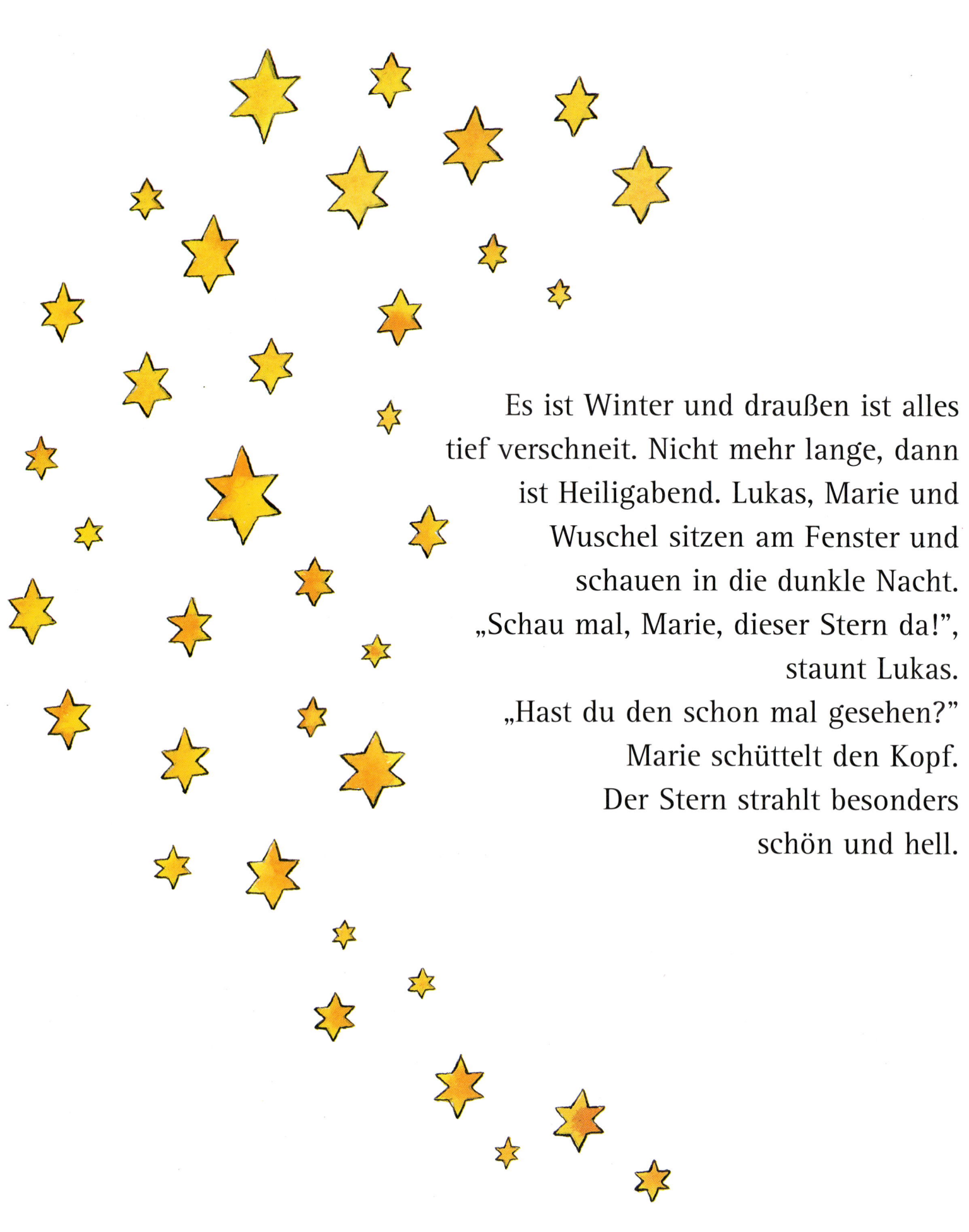

Es ist Winter und draußen ist alles tief verschneit. Nicht mehr lange, dann ist Heiligabend. Lukas, Marie und Wuschel sitzen am Fenster und schauen in die dunkle Nacht.
„Schau mal, Marie, dieser Stern da!", staunt Lukas.
„Hast du den schon mal gesehen?"
Marie schüttelt den Kopf.
Der Stern strahlt besonders schön und hell.

Lukas ist neugierig geworden. Er schaut in seinem Buch nach. Doch er kann den Stern nirgends finden.
„Das muss ein ganz besonderer Stern sein", murmelt er leise vor sich hin.
Marie findet, dass er aussieht wie die Sterne, die Lukas zusammen mit Mama gebastelt hat und die jetzt über seinem Bett hängen.

Die Sache mit dem hellen Stern geht Lukas nicht mehr aus dem Kopf.
Eines Nachts beschließt er sich auf den Weg zu machen und den Stern zu suchen.
Lukas packt seinen Rucksack und drückt der schlafenden Marie zum Abschied einen Stern in die Hand.
„Träum schön, kleine Marie", flüstert er, „ich bin bald wieder zurück."

Dann macht er sich mit Wuschel leise auf den Weg. Doch Marie hat alles mitbekommen. „Nehmt mich mit", ruft sie den beiden hinterher. „Ich möchte auch den hellen Stern finden." Und so machen sie sich zu dritt auf den Weg.

Lukas, Marie und Wuschel kommen
schließlich in ein fernes Land.
Doch sie haben keine Angst. Der Stern
am Himmel weist ihnen den Weg.
„Wohin führt uns der Stern?", fragt Marie.
Doch Lukas weiß es nicht.

Dann treffen Lukas und Marie auf eine Gruppe von Hirten.
Sie erzählen den beiden von einem Engel, der ihnen erschienen ist
und der gesagt hat, sie müssen dem Stern folgen.
„Er kündigt große Freude an, denn heute ist Gottes Sohn geboren.
Kommt mit uns!"

Schließlich gelangen Lukas, Marie, Wuschel und die anderen nach Bethlehem zu einem Stall. Genau über diesem Stall bleibt der Stern stehen. „Hier muss es sein", ruft Lukas aufgeregt.

Wie verzaubert betrachten sie das neugeborene Kind, das dort in einer Krippe liegt. Marie drückt ihm den Stern in die Hand und sagt: „Den habe ich für dich mitgebracht, weil du etwas ganz Besonderes bist."